Ein Flügelschlag

Was eine Raupe das Lebensende nennt,
nennen Weise einen Schmetterling.
—Aus China

Der Flügelschlag eines Schmetterlings kann auf der anderen Seite der Erde das Klima ändern – sagt die berühmte Schmetterlingsmetapher.

Genauso kann die punktgenaue *wingwave*-Methode mit minimalen, sehr effektiven Interventionen das emotionale Klima eines Menschen in eine positive Schwingung versetzen. Stressabbau, Wohlbefinden und kreatives Leistungsvermögen stellen sich schnell und nachhaltig ein – was auch die *wingwave*-Forschung vielfältig belegen konnte. *wingwave* bewirkt laut dieser Forschungsergebnisse nicht nur ein emotionales Gleichgewicht, sondern verbessert auch das körperliche Kraft- und Ausdauervermögen eines Menschen.

Drei bis fünf Coaching-Stunden reichen aus, um Themen wie Auftritts- und Prüfungsangst oder sportliche Leistungssteigerung zufriedenstellend zu verwirklichen. Deshalb nutzen nicht nur Manager, Prüfungskandidaten und Künstler die Methode, sondern auch Sportler.

Für den individuellen Einsatz dieser Kurzzeit-Coaching-Methode gibt es weltweit fast 5000 *wingwave*-Coaches, die ihre Coaching-Kunden individuell begleiten.

Auch als Selbstcoaching-Konzept ist die Methode wirksam und praktisch einzusetzen. Dazu gibt es nun auch ein spezielles *wingwave*-Training, in dem man beim *wingwave*-Trainer in Gruppenarbeit die wichtigsten Übungen erlernt und für die tägliche Anwendung übt. Alle Infos dazu gibt es auf *wingwave.com*.

Besonders freut es mich, dass es den Autoren dieses Quadros gelungen ist, das Selbstcoaching-Potenzial der *wingwave*-Methode mit sehr gutem Hintergrundwissen, verständlich und vor allem alltagstauglich auszuarbeiten und darzustellen. Ich wünsche diesem Quadro viel Erfolg!

—Cora Besser-Siegmund

Es muss nicht lange dauern

Wenn Menschen mit emotionalen Blockaden, Mangel an Motivation oder Stress zu mir, Christoph, zum Coaching kamen, begann manchmal ein langer und zäher Weg, mit dem auch ich als Coach nicht zufrieden war. Ich wollte effektiver und vor allem schneller helfen können! Also machte ich mich auf die Suche nach Methoden, die meinen bereits recht umfangreichen »Werkzeugkasten« noch ergänzen könnten.

Mit *wingwave* fand ich dann genau das Tool, das mir fehlte: ein hocheffektives Kurzzeit-Coaching, das wissenschaftlich gut erforscht und psychologisch fundiert ist.

Seitdem gehören Erfahrungen wie diese zu meinem Alltag als Coach: Die Mitarbeiterin eines Forschungsinstituts erlebte allein beim Gedanken an das nächste Teamtreffen maximalen Stress. Ihr wurde übel, sie konnte nicht mehr klar denken, fühlte sich hilflos und ausgeliefert. Beim *wingwave*-Coaching erinnerte sie sich plötzlich an eine Szene aus der Schule. Der Chemielehrer hatte sie gezwungen, an einem Glas mit Ammoniak zu riechen. Die Erinnerung an den Zwang, die damalige Übelkeit und das damit verbundene Gefühl der Hilflosigkeit bearbeiteten wir mit *wingwave*. Direkt danach erzeugte der Gedanke an das Teamtreffen keine Übelkeit mehr. Beim nächsten Coachingtermin berichtete sie, dass sie gelassen und ohne jeden körperlichen Stress ins Teamtreffen ging. Ein einziges Coaching hatte ihr Problem gelöst.

Ähnlich erging es einem Ingenieur, der bei Vorträgen vor Kollegen zu zittern begann. In der 8. Klasse hatte ihn sein Englischlehrer an der Tafel bloßgestellt. Seitdem hatte er Probleme, vor anderen zu reden. Nach zwei *wingwave*-Coachings erzählte er mir von einer Präsentation in seiner Firma, die er ganz entspannt angehen und bei der er auf Fragen von Kollegen locker reagieren konnte. Er freute sich über die Rückmeldung seines Chefs, dass er seinen Vortrag »souverän rübergebracht« habe.

Der Geschäftsführer einer gemeinnützigen Bildungseinrichtung erzählte von den Ängsten und Sorgen, die sich einstellten, wenn er daran dachte, dass die Fördermittel in drei Jahren auslaufen. »Dann stehst du auf der Straße«, war der beherrschende Gedanke. Die Panik, die damit verbunden war, spürte er deutlich im Nacken. Nach einem insgesamt 45-minütigen Coachingtermin mit *wingwave* nahm er eine erste Linderung wahr. Beim nächsten Treffen berichtete er: »Ich kann es mir nicht erklären und bin völlig verblüfft, aber die Angst ist weg. Ich habe ja noch so viel Zeit, das kann ich gelassen angehen und neue Fördermittel beantragen.«

Die gute Nachricht dieses Quadros lautet: Auch du kannst Ähnliches erleben, um Blockaden und Ängste aufzulösen, Stress zu lindern und neue Motivation zu gewinnen.

Einen Coach zu haben, ist sehr oft ideal. Doch es ist nicht immer finanzierbar oder nötig. Du kannst *wingwave* auch im Selbstcoaching anwenden.

Wir stellen dir hier ein Lernprogramm über vier Wochen vor, das dich praktisch durch die einzelnen Schritte des *wingwave*-Prozesses führt.

In den ersten beiden Wochen lernst du die Hintergründe der Methode kennen.

In der dritten Woche stellen wir dir den Grundprozess vor, den du für die meisten Themen nutzen kannst.

In der vierten Woche erfährst du, wie du mit *wingwave* neue Ressourcen aufbauen und Ängste und Stress reduzieren kannst.

Die Erfahrung zeigt: Der *wingwave*-Prozess kann dich stärken, ersetzt jedoch keine Psychotherapie. Und auch Selbstcoaching hat Grenzen. Am Ende findest du weiterführende Hilfen, wenn du allein nicht mehr weiterweißt.

Viel Freude beim Entdecken wünschen dir

—Christoph Schalk und Kerstin Hack

Woche 1
Die Grundlagen

1.1

Ich habe keine Angst vor dem Sterben. Ich möchte bloß nicht dabei sein, wenn es passiert.

—Woody Allen

Um was geht es?

Sandra, 22 Jahre alt, steht kurz vor einer wichtigen Prüfung an der Uni. Den Stoff hat sie gelernt, aber schon der Gedanke an den Prüfungstermin lähmt sie innerlich und erfüllt sie mit Panik.

Markus, ebenfalls 22 Jahre alt, kommt gar nicht so weit: Er schafft es nicht, sich zum Lernen zu motivieren. Eine innere Blockade hält ihn davon ab, sich an den Schreibtisch zu setzen und anzufangen.

Herr Schmitt ist Geschäftsführer eines großen Ingenieurbüros. Fachlich und unternehmerisch ist er erfolgreich. Aber der Gedanke an eine Präsentation in zwei Wochen treibt ihm den Angstschweiß auf die Stirn. Ihn ärgert das sehr, denn er kennt sich sonst ganz anders.

Blockaden können vielfältig sein: mangelnde Selbstmotivation, Lernblockaden, Prüfungs- oder Auftrittsangst, aber auch die Angst vor einer Zahnbehandlung oder einem Flug. Hier kann *wingwave* entlasten. Der Ansatz kann dir auch helfen, wenn du deine Kreativität steigern möchtest. Oder dich nach einer schwierigen Situation »entstressen« willst. Zum Beispiel nach einem Streit oder einem anstrengenden Kundengespräch.

Manche Menschen leiden unter Heißhunger auf bestimmte Süßigkeiten oder haben Probleme mit ihrem Selbstbild und planen vielleicht schon eine Schönheitsoperation. Sogar bei solchen Themen können sich deine Blockaden lösen. Allgemein gesprochen geht es in diesem Quadro um »emotionalen Stress« und wie man ihn löst.

Denk mal

Für welche Themen möchtest du Lösungen finden, damit es sich gelohnt hat, dieses Quadro zu lesen?

Mach mal

Erstelle dir eine Liste der Blockaden, an denen du gern mit *wingwave* arbeiten möchtest.

Bei Tage ist es kinderleicht, die Dinge nüchtern und unsentimental zu sehen. Nachts ist das eine ganz andere Geschichte.

—Ernest Hemingway

1.2

So entstehen Blockaden

Innere Blockaden, Ängste und emotionaler Stress entstehen im Gehirn. In manchen Situationen, die uns stressen, ist unser Emotionszentrum überfordert. Gefühle werden dann nur unvollständig verarbeitet.

Das kann man sich in etwa so vorstellen: Du kommst gerade mit vielen Tüten bepackt vom Einkauf nach Hause und ausgerechnet in diesem Moment klingelt das Telefon. Dann stellst du vermutlich alle Tüten einfach irgendwo am Boden ab und beantwortest den Anruf. Später kannst du dann die Tüten auspacken und den Inhalt an den richtigen Ort räumen – in den Kühlschrank, in die Vorratskammer, in den Schrank.

Nach Stresssituationen kann es passieren, dass – bildhaft gesprochen – die Einkaufstüten am Boden liegenbleiben. Sie stehen im Weg, man stolpert immer wieder darüber, manchmal fängt der Inhalt an zu schimmeln und zu faulen und entwickelt unangenehme Gerüche.

So eine »unaufgeräumte Situation« erlebt man als innere Blockade. Man kann sich nicht mehr anders verhalten. Das Tückische daran: Man weiß meist gar nicht mehr, woher sie kommt. Sie schränkt ein, aber man sieht nur die Auswirkungen. Und vor allem läuft die Blockade automatisch ab – man kann sich nicht dagegen wehren.

Die gute Nachricht ist, dass du mithilfe von *wingwave* jederzeit solche »alten Tüten« aufspüren und aufräumen kannst.

Denk mal

Welche Reaktionen laufen bei dir unwillkürlich und automatisch ab, so dass du sie nicht beeinflussen kannst?

Mach mal

Frage einen Freund/eine Freundin, wie er/sie mit automatisch ablaufenden Verhaltensmustern umgeht. Was hilft? Was hilft nicht?

Der Furchtsame erschrickt vor der Gefahr, der Feige in ihr, der Mutige nach ihr.

—Jean Paul

Das passiert im Gehirn

Emotionaler Stress und die damit verbundenen inneren Blockaden entstehen im limbischen System. Das ist die Funktionseinheit im Inneren des Gehirns, die vor allem das Verarbeiten von Emotionen und das Triebverhalten steuert – also automatisch ablaufende Prozesse.

Außerdem werden im limbischen System Endorphine erzeugt, die Prozesse wie Angst und Hunger steuern und Emotionen beeinflussen.

Besonders an Blockaden beteiligt ist die Amygdala, die wegen ihrer Form auch Mandelkern genannt wird. Sie übernimmt im Gehirn die Rolle eines Alarms. Immer wenn uns Gefahr droht, schrillt der Alarm. In der Regel reagiert man dann automatisch mit bestimmten Verhaltensmustern. Diese Warnreaktion ist extrem schnell und läuft automatisch ab, also nicht über das relativ langsame bewusste Denken.

Um bei zukünftigen Situationen noch schneller zu sein, ist die Amygdala lernfähig. Leider ist sie nicht immer allzu schlau. Es kann passieren, dass die Alarmmeldung, die in einer bestimmten Situation sinnvoll war, auf andere, unpassende, Situationen verallgemeinert wird. Angst vor einem bissigen Hund oder einem abwertenden Lehrer zu haben und ihm aus dem Weg zu gehen, war sinnvoll. Doch plötzlich hat man vor allen Hunden Angst oder spürt immer Auftrittsangst, wenn man vor vielen Menschen steht. Erst wenn die ursprüngliche Erfahrung aus dem Alarmspeicher gelöscht ist, verschwindet die Angst oder Blockade.

Denk mal

Welche Gefühle könnten hinter deinen Blockaden stecken? Was möchtest du stattdessen lieber fühlen?

Mach mal

Mehr über das limbische System kannst du auf *wingwave.com* oder bei Wikipedia nachlesen.

Nichts kann einem die Tür zu sich selbst besser öffnen als ein Spaziergang durch schlechtes Wetter.

—Mark Twain

Natürliche Stressbewältigung

■ Viele Menschen haben die Erfahrung gemacht: Wenn sie Stressiges erlebt haben, hilft ein Spaziergang oft mehr als langes Grübeln oder faul auf dem Sofa liegen.
Das hat zum einen damit zu tun, dass durch die verbesserte Versorgung mit Sauerstoff auch das Gehirn besser arbeitet. Und damit, dass Bewegung das Stresshormon Adrenalin und die Übersäuerung des Körpers abbaut.
Darüber hinaus hängt es aber auch damit zusammen, dass Körper und Seele eine untrennbare Einheit bilden. Bewegt sich der Körper, kommt auch das Gehirn in Schwung. Das gilt besonders dann, wenn Bewegungen ausgeführt werden, die abwechselnd die rechte und die linke Körperhälfte aktivieren. Sie bauen – wissenschaftlich belegt – effektiv Stress ab.
Das ist beim Spazierengehen, Joggen oder Tanzen der Fall. Aber auch beim Musizieren, bei vielen handwerklichen Tätigkeiten und Gartenarbeiten, die abwechselnd beide Körperhälften aktiv fordern.
Hilfreich ist es, wenn die Bewegung so gewählt wird, dass noch Raum zum Denken bleibt. Hochleistungsklettern bei voller Konzentration ist vermutlich weniger zur Problemlösung geeignet als Nordic Walking oder Kajak fahren.
Einige Coaches, Führungskräfte und Paare nutzen die problemlösungsfördernden Eigenschaften des Gehens bereits und führen Gespräche, während sie laufen.

■ **Denk mal**

Welche aktive Stressbewältigungsstrategie erlebst du als besonders hilfreich?

■ **Mach mal**

Mache den Test: Denke über zwei gleich große Probleme nach. Einmal im Sitzen, einmal im Gehen. Beobachte den Unterschied.

Drüber schlafen

Drei Dinge helfen, die Mühseligkeiten des Lebens zu tragen: die Hoffnung, der Schlaf und das Lachen.

—Immanuel Kant

■ Der natürlichste und effektivste Stressbewältigungsmechanismus, der uns wieder ins Lot bringt, ist der Schlaf. Viele Probleme oder innere Blockaden verschwinden von selbst oder werden zumindest »kleiner«, wenn man eine Nacht darüber geschlafen hat. Genauer formuliert: Wenn man die mit einer Situation verbundenen negativen Emotionen im Traum verarbeitet hat.

Im Traum treten so genannte REM-Phasen auf. REM steht für *Rapid Eye Movement*, d. h. schnelle Bewegung der Augen.

Neurowissenschaftler vermuten, dass es während der REM-Phasen zu einer abwechselnden Stimulation der beiden Hirnhälften kommt. Im Fachjargon *bilaterale Hemisphärenstimulation* genannt. Man »scannt« das Gehirn nach hilfreichen vergleichbaren Situationen ab. Durch die Einbeziehung von beiden Gehirnhälften kommt es zu einer besseren Verarbeitung von schwierigen Erlebnissen. Doch dieser Prozess bleibt manchmal unvollständig. Zum Beispiel, wenn eine Situation zu problematisch ist, um sie zu bewältigen. Das kann bei sehr herausfordernden Erfahrungen der Fall sein.

Albträume sind in der Regel nichts anderes als der erneute Versuch des Gehirns, eine noch nicht bewältigte Situation zu verarbeiten. Oft werden solche Erfahrungen auch abgekapselt und führen in uns ein Eigenleben, das man nur punktuell und oft überraschend an unwillkürlich auftretenden Ängsten und Blockaden erkennt.

■ **Denk mal**

Wann hast du zuletzt erlebt, dass »eine Nacht drüber schlafen« dir sehr geholfen hat? Was veränderte sich?

■ **Mach mal**

Guter Schlaf ist heilsam. Wenn du unter schlechtem Schlaf leidest, findest du hier Hilfe: *schlafgestoert.de*.

Trauma

Wer neu anfangen will, soll es sofort tun, denn eine überwundene Schwierigkeit vermeidet hundert neue.

—Konfuzius

Als körperliches, psychologisches, seelisches oder mentales Trauma wird in der Psychologie eine körperliche oder seelische Verletzung bezeichnet. »Trauma« kommt aus dem Griechischen und bedeutet allgemein »Verletzung« oder »Wunde«.

Wie der Körper verfügt auch die Seele über erstaunliche Selbstheilungskräfte – wie etwa die Stressbewältigung im Schlaf. Diese Mechanismen kommen jedoch an ihre Grenzen, wenn jemand einmalig oder wiederkehrend Situationen von extremem Schmerz oder tiefer Hilflosigkeit erlebt. Das kann die Erfahrung von Krieg oder Vergewaltigung sein oder der plötzliche Tod eines nahestehenden Menschen. Oder auch die wiederkehrende Erfahrung von Ablehnung, Beschämung oder Mobbing.

Ob oder was ein Mensch als Trauma erlebt, hängt nicht nur mit der Situation, sondern auch mit der emotionalen Bewertung zusammen. So erlebte eine Frau beim Tsunami im Indischen Ozean, dass ein Mann sie in Sicherheit trug. Sie ist nicht traumatisiert, sondern denkt an den Tsunami mit einem Gefühl tiefer Dankbarkeit zurück. Ein anderer Mann konnte sich beim Tsunami selbst retten, sah aber andere sterben. Bei ihm blieb ein Gefühl von Scham zurück. Er fühlte sich noch Jahre später schlecht, weil er überlebt hatte.

Tiefsitzende Traumata kann man in der Regel nicht selbst lösen – sonst hätte man es schon getan. Man braucht normalerweise professionelle Unterstützung.

Denk mal

Welche potenziell traumatischen Situationen hast du gut verarbeitet, welche nicht? Was ist der Unterschied?

Mach mal

Schreibe dir auf, welche schwierigen Situationen du gut verkraftet hast – und was dir die Kraft dazu gab.

Alltagstraumata

Ein Großteil aller Erfolgsgeschichten hat nach Katastrophen begonnen.
—*Bodo Schäfer*

Neben »großen Traumata« gibt es auch Alltagstraumata: negative Erfahrungen, denen wir kaum Bedeutung beimessen, weil sie so »klein« sind. Der Chef brüllt mal wieder. Man hetzt zum Flughafen und schafft es gerade noch in letzter Minute. Die Kinder richten das totale Chaos an. Ein naher Mensch sagt etwas Bissiges.

Meist kann man das wegstecken. Die Seele ist – wie der Körper – erstaunlich robust: Beide verfügen über ein starkes natürliches Wundheilungsverfahren, das genügt, um die meisten kleineren Wunden, die das Leben uns schlägt, zu bewältigen.

Es gibt aber auch Situationen, in denen das nicht reicht. Etwa wenn wir körperlich oder seelisch gerade so schwach sind, dass unsere Verarbeitungsmechanismen nicht ausreichen.

Wie bei einer Frau, die den Eiffelturm hochlief, oben erschöpft ankam und von ihrem Freund spielerisch an der Brüstung geschubst wurde – das war zu viel und löste Höhenangst aus.

Zu viel kann es auch werden, wenn auf eine Dauerbelastung – z.B. viele Überstunden – eine weitere anstrengende Situation trifft: etwa ein neuer, eher schwieriger Kollege.

Zu Alltagstraumata oder Blockaden gehören auch Dinge wie Schreibblockaden, Unlust, Aversionen gegen bestimmte Arbeitstools oder Techniken, Stress bei Reisen und vieles mehr. Alle Situationen, die uns stressen und mehr Kraft kosten als nötig. Und bei denen es schön wäre, wenn wir mehr Gelassenheit hätten.

Denk mal

Auf welche Menschen und Situationen reagierst du ungewohnt heftig? Was könnte der Grund dafür sein?

Mach mal

Nimm dir am Abend etwas Zeit und überlege: Was war heute stressig? Gehe spazieren, tanze oder musiziere, um den Stress abzubauen.

Woche 2
Blockaden lösen

2.1

> *Ich bin eigentlich ganz anders, aber ich komme so selten dazu.*
> *—Ödön von Horváth*

Blockaden schränken ein

Hat der Körper – etwa in der Wirbelsäule – eine Blockade, ist die Beweglichkeit eingeschränkt. Häufig vermeiden Patienten dann bestimmte Bewegungen, um die oft schmerzhafte Stelle nicht zu berühren. Mit seelischen Blockaden ist es ähnlich.

Hat man einmal negative Erfahrungen gemacht – z.B. bei einer Präsentation –, geht man weiteren öffentlichen Auftritten oft aus dem Weg. Das Positive an diesem Verhalten: Man schützt sich. Das Negative: Das Leben wird so immer mehr eingeschränkt.

Egal ob klein oder groß – jede Art von Blockade schränkt die innere Beweglichkeit, Leichtigkeit und Freiheit ein. Man wird wie fremdgesteuert, wagt sich an manches nicht mehr heran.

Allein durch Willenskraft und Appelle wie »Jetzt reiß dich aber mal zusammen!« sind Blockaden nicht aufzulösen. Man wird nicht gelassen und ruhig, nur weil einem jemand anderes oder man selbst sich befiehlt: »Mach dich mal locker!«

Schon lange wird in Therapie und Coaching nach effektiven Wegen zur Lösung von Blockaden gesucht. Klassische Psychoanalyse erwies sich als sehr langwierig und oft nicht wirksam. Effektiver ist in manchen Bereichen Verhaltenstherapie, die schrittweise trainiert, sich Situationen, vor denen man sich ängstigt, anzunähern. Doch sie ist nicht für alle Formen von Blockaden anwendbar. Erst Ende der 1980er-Jahre wurden erfolgreichere Wege gefunden.

Denk mal

Wo erlebst du, dass du nicht wie du selbst bist, sondern wie fremdgesteuert reagierst?

Mach mal

Beobachte Menschen in deinem Umfeld. Wer wirkt blockiert und unfrei, wer wirkt frei, leicht und gelöst? Bemerke die Unterschiede.

Hintergrund: EMDR

Das Siegel der Wahrheit ist die Einfachheit.

—*Herman Boerhaave*

EMDR steht für *Eye Movement Desensitization und Reprocessing* (deutsch: Desensibilisierung und Neuverarbeitung durch Augenbewegungen). EMDR ist eine klinische Psychotrauma-Therapie, die Psychologin Francine Shapiro begründete. Beim EMDR führt der Therapeut den Blick des Patienten mit Handbewegungen.

Shapiro entwickelte die Methode, nachdem sie bei John Grinder, dem Mitbegründer des NLP (Neuro-Linguistisches Programmieren) als Assistentin arbeitete. Dort wurde Ende der 80er-Jahre intensiv die therapeutische und ent-stressende Wirkung von gezielt herbeigeführten Augenbewegungen erforscht. Shapiro selbst lässt diese lerngeschichtliche Verbindung in den Angaben zu ihrem Werdegang allerdings unerwähnt.

Shapiro kam zu dem Schluss, dass der Verarbeitungsprozess, der nachts in den REM-Phasen stattfindet, in denen sich die Augen schnell hin und her bewegen, auch tagsüber greift.

Sie setzte das in ihrer therapeutischen Arbeit ein: Patienten erinnerten sich aktiv an die traumatische Situation. Gleichzeitig folgten sie mit den Augen der Hand von Frau Shapiro, die sie vor ihren Augen schnell hin und her bewegte. Das Ergebnis: Traumata konnten weit schneller und vor allem nachhaltiger bewältigt werden als bei anderen Therapiemethoden.

EMDR wurde für den klinischen Bereich sehr gut erforscht und gilt hier als wirksame und nachhaltige Therapiemethode. EMDR wird auch zur Traumabewältigung nach Terror und Katastrophen eingesetzt.

Denk mal

Welche Gedanken und Gefühle hast du, wenn du über diesen Prozess liest?

Mach mal

Mehr über Shapiro und EMDR kannst du im Internet erfahren.

Man entdeckt keine neuen Erdteile, ohne den Mut zu haben, alte Küsten aus den Augen zu verlieren.

—André Gide

So löst wingwave Blockaden

Bei *wingwave* wurde EMDR von Cora Besser-Siegmund und Harry Siegmund durch weitere Methoden ergänzt und für Coachingprozesse nutzbar gemacht. Also für Situationen, in denen man weiterkommen will, ohne dass notwendigerweise ein therapeutisches Problem besteht.

Der Kerngedanke von *wingwave* liegt wie bei EMDR darin, REM-Phasen im Wachzustand auszulösen. Das geschieht meist dadurch, dass der Coach etwa 30 Sekunden lang seine Finger von rechts nach links und zurück vor den Augen einer Person hin und her bewegt. Die Person folgt der Bewegung mit den Augen.

Dieses Vorgehen führt zu einer bilateralen Hemisphärenstimulation und unterstützt die Verarbeitung von Blockaden. Während der Augenbewegungen konzentriert sich die Person auf die negativen Gefühle und Gedanken, die mit einer bestimmten Situation zusammenhängen.

Häufig zeigen sich schon wenige Winkdurchgänge, sogenannte *Sets*, als wirksam. Der Kunde erlebt den verblüffenden Effekt, dass er tief auf- und durchatmet, negative Erinnerungen verblassen und belastende Gefühle sich auflösen.

Weil jede Rechts-links-Aktivierung den Lösungsprozess fördert, kann man auch eigens komponierte Musik nutzen, die über Kopfhörer abwechselnd rechts und links das Gehirn stimuliert. Oder sanftes Klopfen auf Beine oder den Rücken. Im Selbstcoaching kommt auch die Butterfly-Technik zum Einsatz, in der man sich abwechselnd auf die Schultern klopft.

Denk mal

Bewege 30-mal hintereinander die Augen schnell hin und her. Nimm wahr, was sich verändert.

Mach mal

Schau dir die WDR-Dokumentation »Die Seelenflüsterer« an, in der *wingwave* vorgestellt wird: *bit.ly/seelenfluesterer.*

Der Muskeltest

Das Ganze ist mehr als die Summe seiner Teile.

—Aristoteles

■ In *wingwave* fließen Elemente aus der Traumatherapie EMDR sowie aus einer Reihe anderer moderner Therapie- und Coachingansätze ein. *wingwave* ist ein systematischer Prozess in mehreren Schritten – siehe Woche 3.

Das Besondere an *wingwave* ist vor allem ein punktgenaues Vorgehen, das viel Zeit spart. Deshalb gehört *wingwave* zu den Kurzzeitcoaching-Ansätzen.

Bei Stress haben die Muskeln spürbar weniger Kraft. Das sieht man zum Beispiel in Filmen, wenn eine Person, die erschrickt (Stress), ein Glas fallen lässt (Muskelspannung sinkt plötzlich ab, man kann das Glas nicht mehr halten).

Mit Hilfe des Myostatiktests, der die Muskelspannung misst, kann ein Coach genau feststellen, welche Situationen oder Emotionen Stress auslösen. Dabei formt der Coaching-Kunde aus Daumen und Zeigefinger einen Ring, den er so fest geschlossen hält, dass der Coach ihn mit seinen Fingern nicht öffnen kann. Die dafür nötigen Muskelgruppen reagieren sehr empfindlich auf Stress. Bei einem Begriff, der stresst, oder bei der Erinnerung an eine belastende Situation verlieren die Muskeln die Spannung. In diesen Momenten kann der Coach den Ring mit seinen Fingern auseinander ziehen.

Durch dieses Vorgehen kann exakt bestimmt werden, was die Stressauslöser sind. Diese werden dann jeweils mit einem oder mehreren Sets »bewunken« und die damit verbundene Blockade kann punktgenau gelöst werden.

■ **Denk mal**

Denke an eine Situation, in der du Angst empfindest: Wie und wo ändert sich deine Muskelspannung?

■ **Mach mal**

Lies mehr zum Myostatiktest unter *bit.ly/myostatik*.

2.5

Grenzen und Lösungen

Ich fühle, also bin ich.
—António R. Damásio

Der Myostatiktest ist fürs Selbstcoaching nicht geeignet. Schließlich kannst du schlecht mit der einen Hand einen Ring formen und mit der anderen ziehen, da der Stressauslöser in beiden Händen zu Schwäche führt.

Es gibt eine Reihe von ähnlichen Methoden, die man bei sich selbst anwenden kann. Diese benötigen aber viel Übung und nicht selten erweisen sie sich als recht unzuverlässig.

Im Selbstcoaching kann man als Ersatz für den Myostatiktest mit dem »Bauchgefühl« arbeiten. Du kannst dich darin üben, genau auf deinen Körper, deine Gefühle und deine Gedanken zu stressauslösenden Situationen zu achten. Dann kannst du *wingwave* für viele Anliegen erfolgreich nutzen.

Das bedeutet, dass du bei manchen Themen, bei denen du nicht so genau weißt, was dich eigentlich stresst, nur mit der Hilfe eines ausgebildeten *wingwave*-Coaches weiterkommst.

Wenn du bei einem Anliegen durch Selbstcoaching keine Fortschritte erlebst, solltest du dich an einen Coach wenden.

Gleichzeitig möchten wir auch betonen, dass Selbstcoaching Grenzen hat. *wingwave* ist keine therapeutische Methode, auch wenn sie auf einer solchen – EMDR – beruht. Sie ist für Coaching konzipiert.

Coaching fokussiert viel mehr auf Training und Stärkung der Kunden, auf die Stärkung ihrer Kompetenzen und Handlungsfähigkeit. Es ist keine Therapie. Eine Therapie können weder *wingwave* noch dieses Quadro ersetzen.

Denk mal

Auf einer Skala von 1 (gar nicht) bis 10 (sehr gut): Wie gut gelingt es dir, auf Körperempfindungen zu achten?

Mach mal

Suche dir bei Bedarf einen *wingwave*-Coach in deiner Nähe: *bit.ly/coach-finder*.

Selbsterkenntnis heißt nicht nur, die eigenen Schwächen zu kennen. Sondern auch die Stärken.

—Marc Flint

wingwave zur Stärkung

wingwave kann man nicht nur einsetzen, um kleine und große Blockaden zu lösen, sondern auch um sich innerlich zu stärken.

Wer an etwas denkt und gleichzeitig die rechte und linke Hirnhälfte aktiviert, sorgt dafür, dass die Dinge sich besser verankern. Religiöse Juden nutzen einen ähnlichen Effekt, wenn sie etwa den Körper beim Zitieren von Texten, die sie sich einprägen wollen, sanft hin und her bewegen. Dadurch verankert sich das Einzuprägende besser.

Beim *wingwave*-Coaching wird dieser Effekt etwa genutzt, um zu Beginn des Prozesses beim Coaching-Kunden Sicherheit zu verstärken. Der Kunde wird gebeten, an einen Ort zu denken, an dem er sich sicher und wohl fühlt. Durch langsame, geführte Augenbewegungen wird das Gefühl der Sicherheit gestärkt und vertieft.

Ich, Kerstin, nutze *wingwave* oft, wenn ich mir stärkende Texte – zum Beispiel etwas aus der Bibel – besser einprägen will. Dabei sage ich den Text halblaut vor mich hin, während ich meine Arme überkreuzt halte und mir abwechselnd langsam auf Beine oder Schultern klopfe. Oder auch wenn ich vor schwierigen Situationen stehe und mich selbst stärken möchte: »Du wirst das Gespräch gut führen!«

Durch die bilaterale Stimulation sinken Wahrheiten tiefer – zumindest wenn es sich um echt gefühlte Wahrheiten handelt, keine bloßen Aufputschsätze, die wegen ungelöster Blockaden noch nicht stimmig sind.

Denk mal

Welche Wahrheit möchtest du tiefer in dir verankern?

Mach mal

Probiere das oben beschriebene Vorgehen aus. Es ist sinnvoll, die Wahrheit mehrere Male hintereinander zu wiederholen.

Du kannst dein Leben nicht verlängern noch verbreitern, nur vertiefen.
—Gorch Fock

Mit wingwave vertiefen

Das Selbstcoaching mit *wingwave* kann zum Auflösen von Blockaden und negativen Gefühlen eingesetzt werden. Doch es gibt noch viele weitere Möglichkeiten, wie *wingwave* stärkend eingesetzt werden kann:

1. Coaching vertiefen: Wenn du dich in einem Coachingprozess befindest, kannst du das im Coaching bearbeitete Thema durch Selbstcoaching vertiefen und weiter bearbeiten. Das spart Geld und hilft dir, schneller voranzukommen.

Dabei hältst du dich einfach an den in Woche 3 beschriebenen Prozess und fokussierst auf Themen, Gefühle, Bilder und Gedanken, die bei dir noch negative Restempfindungen auslösen. Du nutzt dazu wahlweise die Butterfly-Methode oder *wingwave*-Musik. Am besten du besprichst mit deinem Coach die genaue Anwendung des Selbstcoachings.

2. Stärken fördern: Du kannst *wingwave* nutzen, um eigene Ressourcen und innere Kraftquellen bewusst zu aktivieren.

Einige Beispiele findest du in Woche 4. Dort wechseln sich immer ein Tag mit einer thematischen Einführung und ein Praxistag für deine Durchführung des Selbstcoachings ab. Der *wingwave*-Grundprozess wird für jedes Thema leicht angepasst.

3. Spezielle Themen: In Woche 4 erfährst du auch, wie du *wingwave* auf spezielle negative Situationen anwenden kannst. Auch dafür gibt es Variationen des Grundprozesses und ebenfalls je einen Tag für eine Einführung und einen Tag für die Praxis.

Denk mal

Auf einer Skala von 1 bis 10: Wie groß ist deine Zuversicht, dass bei deinem Thema *wingwave* helfen kann?

Mach mal

Gehe zu *wingwave.com* und lies einige Beispielgeschichten oder schau dir Videos an, um dir *wingwave* besser vorstellen zu können.

Woche 3
Ressourcen aufbauen

3.1

Ich glaube, einer der Gründe, warum ich nicht geheiratet habe, waren die Hochzeiten, die ich als Kind erlebt habe.
—Nayantara Sahgal

Schritt 1: Dein Thema

In dieser Woche wird der Grundprozess für das *wingwave*-Selbstcoaching vorgestellt. Du bekommst einen Überblick und lernst alle Schritte für das praktische Vorgehen. Am Tag 6 kannst du dann den ganzen Prozess für dein erstes Anliegen komplett durchführen. Am siebten Tag lernst du eine weitere Variante mit Musik kennen, die manche Menschen bevorzugen.

Im ersten Schritt des Selbstcoachings legst du dein Thema fest. Wenn du bisher wenig Erfahrungen mit *wingwave* oder Selbstcoaching hast, empfehle ich dir, ein Thema auszuwählen, das dich nicht allzu sehr belastet. Das wird dein Übungsthema für den ersten Versuch.

Wichtig: Das Gehirn denkt in Bildern. Es genügt also nicht, nur ein abstraktes Thema – etwa Flugangst – zu finden. Es braucht eine damit verbundene Schlüsselsituation, z.B. Sicherheitskontrolle, Enge, Gepäck verstauen, Turbulenzen etc.

- Wenn du an dein Thema denkst – was ist der unangenehmste Moment dabei?
- Welche Szene oder welches Bild kommt dir in den Sinn?

Martina dachte an eine längst vergangene Szene aus ihrer Kindheit, als sie an ihrer Auftrittsangst arbeiten wollte: Ein Lehrer hatte sie an der Tafel bloßgestellt. Der Schlüssel muss aber nicht in der Kindheit liegen. Oft findet sich der unangenehmste Moment, mit dem man in den Prozess einsteigt, in der jüngeren Vergangenheit. Manchmal liegt die stressauslösende Situation nur wenige Stunden oder Tage zurück.

Denk mal

Was ist dein Übungsthema? Was ist der unangenehmste Moment dabei? Welches Bild ist damit verbunden?

Mach mal

Notiere dir deine Antworten auf diese Fragen, damit du sie am Tag 6 parat hast, wenn du den ganzen Prozess durchläufst.

Schritt 2: Das Gefühl

Wo viel Gefühl ist, ist auch viel Leid.
—Leonardo da Vinci

■ Der eine geht locker zum Zahnarzt, der andere kriegt schon beim Gedanken daran das Zittern. Menschen erleben Situationen unterschiedlich. Was für einen Menschen schlimm ist, ist für einen anderen kein Problem und umgekehrt. Deshalb ist das Wichtige nicht die Situation, sondern die damit verbundenen Emotionen. Vergegenwärtige dir also dein Thema, die dazugehörige unangenehmste Situation und das dabei auftauchende innere Bild. Frage dich: Welches Gefühl spürst du am intensivsten?

Manchen Menschen fällt es nicht leicht, das zentrale Gefühl zu benennen. Die folgende unvollständige Liste kann dann vielleicht helfen: Angst, Panik, Wut, Ärger, Trauer, Traurigkeit, Ekel, Scham, Nicht-Empfinden/Taubsein, Empörung, Genervt-Sein, Verlustschmerz, Hilflosigkeit, Ohnmacht, Schock, Überraschung, Verwirrung, Schuld, Kränkung, Neid, Ablehnung, Hass, Abscheu, Müdigkeit, Schmerz oder Erschöpfung.

Wenn du die negative Emotion, die mit deinem Thema verbunden ist, entdeckt und benannt hast, dann bestimme noch die persönliche Intensität. Nutze dafür eine Skala, die von -10 (das stärkste vorstellbare Unbehagen) über 0 (neutral) bis zu +10 (das stärkste angenehme Gefühl, das du dir vorstellen kannst) reicht.

Wo auf dieser Skala liegt das Gefühl jetzt gerade? Vermutlich auf der negativen Seite, sonst würdest du daran kaum arbeiten wollen. Aber wo liegt es genau? Wie schlimm ist es für dich momentan?

■ **Denk mal**

Um welches Gefühl geht es? Wie schlimm ist das Gefühl (auf der Skala), wenn du jetzt daran denkst?

■ **Mach mal**

Notiere deine Antworten und markiere auf der Skala, wie schlimm das Gefühl momentan für dich ist.

3.3

Der Körper spiegelt in jedem Moment die Haltung seines Geistes wieder.
—*Delil Duman*

Schritt 3: Der Body-Scan

Körper und Psyche sind untrennbar verbunden. Die Beziehung zwischen beiden lässt sich am besten als Wechselwirkung beschreiben: Der Körper beeinflusst die Psyche und die Psyche beeinflusst den Körper.

Auch der Körper hat eine Gedächtnisfunktion: Jede Erfahrung, jedes Erlebnis ist auch mit einer Körperwahrnehmung verbunden und wird entsprechend abgespeichert. Unser Gedächtnis merkt sich Situationen nämlich nicht abstrakt, sondern ganz konkret: Was habe ich in dieser Situation gesehen? Gerochen? Gefühlt? Geschmeckt? Gehört? Welche Haltung habe ich eingenommen? Wie hat mein Körper reagiert?

Eine Frau reagierte immer mit Anspannung, wenn eine Person aus der Verwandtschaft sie am Arm berührte. Andere Berührungen waren okay. Später wurde ihr klar, dass die Person sie Jahre zuvor einmal schmerzhaft festgehalten hatte – am Arm. Der Körper hatte sich das gemerkt.

Körperwahrnehmungen werden bei *wingwave* genutzt, um die Erinnerung an eine belastende Situation, die hinter einer Blockade steckt, im Gehirn zu aktivieren und später aufzulösen. Weil man dabei in den Körper hineinhorcht, ihn »abtastet«, wird dieser Schritt als Body-Scan bezeichnet.

Wenn du dir die unangenehmste Situation bewusst machst und das damit verbundene Gefühl – wo spürst du es in deinem Körper? Ist es ein Kloß im Hals? Ein Knoten im Bauch? Eine Spannung im Nacken? Nimm genau wahr, wo du etwas spürst.

Denk mal

Wo spürst du die negative Emotion im Körper? Wie fühlt sich das genau an?

Mach mal

Notiere auch heute deine Antwort. Vielleicht möchtest du dein Körpergefühl sogar in einer Strichmännchen-Skizze festhalten.

Stets findet Überraschung statt.
Da, wo man's nicht erwartet hat.
—*Wilhelm Busch*

Schritt 4: Die Intervention

Unter »Intervention« versteht man das Vorgehen, mit dem negative Emotionen und innere Blockaden aufgelöst werden. Oder positive gestärkt. Bei *wingwave* mit einem Coach geschieht das meist durch vom Coach geführte Augenbewegungen. Dadurch werden die Gehirnhälften abwechselnd aktiviert und der Lösungsprozess in Gang gesetzt.

Im Selbstcoaching kann man die so genannte Schmetterlings- oder Butterfly-Technik anwenden, die ähnliche Effekte hat. Gehe folgendermaßen vor:

1. Setze dich bequem auf einen Stuhl, ohne die Beine zu überkreuzen. Alternativ kannst du aber auch liegen oder stehen.
2. Überkreuze die Unterarme vor der Brust und lege die Hände auf die Schultern. Die rechte Hand ruht jetzt auf der linken Schulter, die linke Hand auf der rechten Schulter.
3. Klopfe abwechselnd mit den Handflächen leicht auf deine Schultern – pro Sekunde einmal links und einmal rechts. Ein Durchgang (»Set«) dauert dabei etwa 30 bis 40 Sekunden. Atme nach jedem Set tief ein und aus.

»Das soll alles sein?«, fragen Klienten ab und zu. Ja. Der Effekt der Butterfly-Technik ist überraschend und entlastend. Das Staunen liegt vermutlich daran, dass wir in der Psychologie vor allem verbale Methoden kennen. Eine Intervention, die mehr oder weniger ohne Worte funktioniert, weil sie auf neurobiologischer Ebene abläuft, ist für die meisten Menschen ungewohnt.

Denk mal

Welche Interventionen ohne Worte kennst du aus eigener Erfahrung? Massage, Osteopathie, Kunst …

Mach mal

Probiere die Butterfly-Technik gleich einmal aus. Denke dabei an etwas Angenehmes. Demo: *bit.ly/butterfly-technik*

3.5

Ich hatte immer Angst, wie mein Vater zu werden. Jetzt bin ich's, und es ist gar nicht so schlimm.

—Manfred Krug

Schritt 5: Die Verankerung

■ Die Butterfly-Intervention wird – mit kurzen Pausen – mehrmals hintereinander durchgeführt. So lange bis beim Gedanken an das Thema und die unangenehmste Situation keine negativen »Restempfindungen« auftauchen. Der Zustand wird zwischendurch immer wieder mit einem kurzen Body-Scan überprüft. Im Prozess tauchen oft weitere Körpergefühle auf. Das ist okay.

Wenn alle Blockaden und negativen Gefühle gelöst sind, geht es darum, das stärkende Ergebnis zu verankern und in die Zukunft mitzunehmen. Dabei gehst du so vor: Formuliere einen Satz über dich selbst, der beschreibt, wie du dich nun selbst siehst, wenn du jetzt an dein Thema denkst. Dieser Satz sollte positiv oder zumindest neutral-zuversichtlich sein. Er könnte beispielsweise lauten: »Ich bin in Ordnung, so wie ich bin.« Oder: »Ich kann mir selbst vertrauen.« Oder: »Ich kann damit umgehen.« Oder … Ist ein neutral-positiver Satz noch nicht stimmig? Dann hast du eventuell zu früh aufgehört. Mache noch einige Sets.

Wenn du den Satz hast, konzentriere dich auf das ursprüngliche negative Bild zu deinem Thema. Denke gleichzeitig an den positiven Satz über dich selbst. Dann wende die Butterfly-Technik etwa zehnmal an. Denke abschließend an eine zukünftige Situation zu deinem Thema und überprüfe die Gefühle, die das auslöst. Wenn noch negative Gefühle mitschwingen, dann stelle dir diese Situation möglichst konkret vor und führe dazu einige Sets durch.

■ **Denk mal**

Wie lautet jetzt gerade der (vermutlich noch negative) Satz über dich selbst, wenn du an dein Thema denkst?

■ **Mach mal**

Morgen geht es los. Verschaffe dir deshalb nochmals einen Überblick über die fünf Schritte des Grundprozesses.

3.6

Nun gilt es!

Nunc est bibendum.
[Jetzt lasst uns trinken!]

—Horaz

■ In den letzten Tagen wurden dir die fünf Schritte des *wingwave*-Grundprozesses als einzelne Bausteine vorgestellt. Um an einem Thema zu arbeiten, werden alle Schritte direkt nacheinander »auf einen Rutsch« durchgeführt. Suche dir dafür einen Raum, wo du ungestört bist, und nimm dir mindestens eine halbe Stunde Zeit, besser mehr.

1. Thema: Was ist dein Thema? Was ist der unangenehmste Moment dabei? Welches Bild ist damit verbunden?

2. Gefühl: Um welches Gefühl geht es? Wie schlimm ist das Gefühl auf einer Skala von -10 über 0 bis +10, wenn du jetzt daran denkst?

3. Body-Scan: Wo spürst du die negative Emotion im Körper? Wie fühlt sich das an?

4. Intervention: Führe mehrmals hintereinander die Butterfly-Intervention durch (je Set 30-40 Sekunden), bis beim Gedanken an das Thema und die unangenehmste Situation keine negativen »Restempfindungen« auftauchen. Überprüfe den Stand zwischendurch immer wieder mit einem kurzen Body-Scan.

5. Verankerung: Finde einen positiven Satz, der beschreibt, wie du dich jetzt selbst siehst, wenn du an dein Thema denkst. Konzentriere dich auf die negative Ausgangssituation und denke gleichzeitig an den positiven Satz. Führe dann ca. zehn Sets mit der Butterfly-Technik durch. Prüfe abschließend, welche Gefühle der Gedanke an eine zukünftige Situation zu deinem Thema bei dir auslöst.

■ **Denk mal**

Was genau ist jetzt anders als vor deinem ersten Selbstcoaching mit *wingwave*?

■ **Mach mal**

Sammle noch mehr Erfahrung mit dem *wingwave*-Selbstcoaching, indem du den Prozess auf weitere »einfache« Themen anwendest.

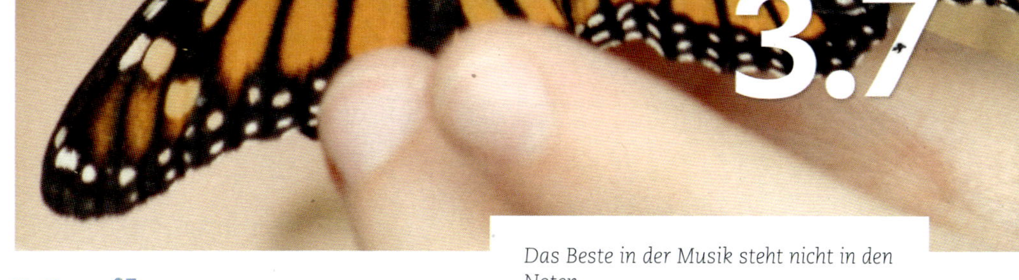

3.7 Musik statt Butterfly

> *Das Beste in der Musik steht nicht in den Noten.*
>
> *—Gustav Mahler*

Die zentrale Wirkung von *wingwave* besteht in der bilateralen Hemisphärenstimulation – also der Aktivierung beider Hirnhälften. Das kann durch Augenbewegungen oder durch abwechselndes Klopfen auf die Schultern erreicht werden.

Gerade aber wenn es um Themen geht, bei denen Entspannung wünschenswert ist, bietet sich noch eine andere Alternative an: die schon anfangs erwähnte *wingwave*-Musik.

Diese Musik wirkt neben ihren ausgleichenden Melodien vor allem durch einen Links-rechts-Takt, der abwechselnd die beiden Gehirnhälften auditiv berührt. Das führt zu einer optimalen Zusammenarbeit aller Hirnareale. So wird Stress reduziert und es werden kreative Prozesse angeregt. Damit der Rechts-links-Effekt wirkt, muss die Musik unbedingt mit Kopfhörern angehört werden.

Der Rhythmus des Taktes ist »andante« – so wie der Herzschlag im Ruhezustand. Das senkt messbar die Pulsrate. Der Takt beruhigt das Erregungsniveau des Nervensystems, lässt Stress abfließen, steigert das Wohlgefühl. Und öffnet den Weitwinkel für lösungsorientiertes Wahrnehmen und Denken.

Statt Butterfly kannst du im Selbstcoaching die Musik einsetzen. Wichtig: Alle 30 bis 40 Sekunden das Set per Pausetaste beenden. Du kannst auch die Musik beim Spazierengehen oder Ausruhen am Stück hören – ohne spezielles Thema. Die eigens komponierte *wingwave*-Musik gibt es auf CD, als MP3 und als App.

Denk mal

Bei welchen Themen könnte die *wingwave*-Musik für dich besser geeignet sein als Butterfly?

Mach mal

Die *wingwave*-Musik findest du auf *wingwave-shop.com*. In der App ist eine kostenlose Testmelodie enthalten.

Woche 4
wingwave konkret

Jedes Problem, das man bewältigt, bringt einen in der Zukunft weiter. Und gibt auch neue Kraft.

—Steffi Graf

Kraftquellen finden

Heute und morgen geht es ganz allgemein um Situationen, in denen du dir zurzeit bestimmte innere Ressourcen wünschst. Ressourcen sind Kraftquellen, Fähigkeiten und Stärken, die dir helfen, Herausforderungen zu bewältigen.
Beim Ressourcencoaching mit *wingwave* sind damit in erster Linie positive Gefühle und Einstellungen gemeint, die dir helfen können, eine aktuelle oder zukünftige Situation besser zu meistern.
Vielleicht brauchst du mehr Freude, um den Hausputz zu erledigen? Oder Mut, um ein schon lange aufgeschobenes Gespräch zu führen? Oder mehr Gelassenheit im Umgang mit deinen Kindern oder Kollegen? Wähle eine konkrete Situation, in der du mehr Ressourcen brauchst. Damit wirst du morgen arbeiten.
Wenn du kurz nachdenkst, findest du sicher Situationen aus der Vergangenheit, in denen du positive Emotionen wie Freude oder Mut, aber auch Gelassenheit, Humor oder andere gute Gefühle hattest.
Du weißt also sehr wohl, »wie das geht« – nur in einer bestimmten Situation will es zurzeit nicht damit klappen.
Die gute Nachricht ist: Auch für die noch schwierigen Situationen kannst du deine inneren Kraftquellen anzapfen und bewusst aktivieren. Du nutzt die Energie aus einer bereits positiven Situation einfach für noch schwierige Situationen. Deine Ressourcen haben gewissermaßen einen Mehrfachnutzen. Morgen erfährst du, wie das praktisch geht.

Denk mal

Für welche Situation wünschst du dir aktuell positive Emotionsressourcen?

Mach mal

Suche dir für morgen schon einmal eine Situation aus der Vergangenheit, in der du genau die gewünschte Emotion schon erlebt hast.

4.2

Kraft macht keinen Lärm.
Sie ist da und wirkt.
—Albert Schweitzer

Kraftquellen aktivieren

1. Thema: Hast du gestern schon eine Situation ausgewählt, für die du dir z.B. Freude, Mut, Gelassenheit, Wachsamkeit, Humor oder eine andere positive Emotion wünschst? Daran wirst du heute arbeiten.
2. Schalter: Zum Abrufen dieser Emotion wirst du gleich einen »Schalter« nutzen. Das kann z.B. ein Finger sein, das Knie oder dein Ohrläppchen. Wähle deinen Schalter jetzt aus.
3. Ressource: Denke nun an eine beliebige vergangene Situation, in der du genau die gewünschte Emotion schon einmal erlebt hast. Suche dir dann den besten Moment heraus und konzentriere dich ganz darauf. Welcher positive Ich-Satz beschreibt, wie du damals über dich gedacht hast?
4. Body-Scan: Wo im Körper spürst du das positive Echo dieser Erinnerung? Wo auf einer Skala von 0 bis 10 ist das gute Gefühl?
5. Intervention: Fokussiere dich auf die positive Situation und deine Empfindungen dabei. Nutze die *wingwave*-Musik. Oder verwende die Butterfly-Methode, bis das gute Gefühl nicht mehr zu steigern ist.
6. Schalter: Spüre das gute Gefühl, denke an den positiven Satz und verwende dabei aktiv deinen Schalter, z.B. mit dem Finger wackeln, am Ohrläppchen ziehen etc. Denke dann an die zukünftige Situation und verwende wieder deinen Schalter. Fahre noch eine Zeitlang mit der Musik oder Butterfly fort.
7. Live: In der echten Situation setzt du dann gezielt deinen Schalter zum Abruf der Emotion ein.

Denk mal

In welchen anderen Situationen möchtest du ebenfalls Kraftquellen aktivieren?

Mach mal

Werte nach ein paar Tagen aus, wie gut es dir gelungen ist, die positive Emotion in der Live-Situation abzurufen.

Prüfungen sind deshalb so scheußlich, weil der größte Trottel mehr fragen kann, als der klügste Mensch zu beantworten vermag.

—Charles Caleb Colton

Ängste präzise erkennen

Vielleicht hast du schon in Woche 3 während des Grundprozesses an einem Angstthema gearbeitet. Coaching mit *wingwave* ist in der Tat besonders dafür geeignet, Ängste aufzulösen – zum Beispiel Auftrittsangst, Flugangst, Höhenangst oder Zahnbehandlungsangst.

Dafür ist es sinnvoll, spezielle Stressfaktoren und Angstauslöser zu beachten. Es ist oft nicht die Gesamtsituation, sondern ein Teilaspekt, der die Ängste auslöst.

Bei Auftrittsangst können u. a. folgende Auslöser eine Rolle spielen: Publikumsgröße, die Angst vor Zittern oder Versprechern, die Raumgestaltung, die Reaktionen der Zuhörer, die eigene Kleidung oder die Notizen für den Vortrag.

Bei Zahnbehandlungsangst können der Geruch in der Praxis, das Aufgerufenwerden, die Vorbereitung der Spritze oder das Geräusch des Bohrers Auslöser sein.

Bei Flugangst kommen die Anfahrt, der Check-in, das Schlange-Stehen, die Enge, die Flughöhe und vieles mehr infrage.

Ein Coach kann solche Auslöser präzise mit dem Myostatiktest identifizieren. Da dieses Werkzeug im Selbstcoaching nicht zur Verfügung steht, solltest du unbedingt die Hilfe eines *wingwave*-Coaches in Anspruch nehmen: *bit.ly/coach-finder*.

Dennoch ist auch bei Ängsten Selbstcoaching sinnvoll: Sei es als Vertiefung des Prozesses, den du mit einem Coach begonnen hast, sei es für die Arbeit an Ängsten, deren Auslöser du kennst.

Denk mal

Welche Angstauslöser sind dir für dein Thema bewusst?

Mach mal

Stelle dir die Angstsituation genau vor und notiere alle Momente, die ein flaues Gefühl oder Angst auslösen. Achte auf deine Reaktionen.

Ängste bewältigen

Man darf nicht das Gras wachsen hören,
sonst wird man taub.
—Gerhart Hauptmann

■ Stellvertretend für andere Ängste geht es heute um Auftrittsangst. Du kannst den Ablauf aber auch leicht für Prüfungsangst, Flugangst, Zahnbehandlungsangst und andere Ängste, die sich auf konkrete Situationen beziehen, anpassen.

1. Thema: Denke möglichst lebhaft und konkret an den anstehenden Auftritt. Male dir die Situation in deiner Vorstellung detailliert aus und konzentriere dich insbesondere auf die Auslöser, die du entdeckt hast.

2. Gefühl: Achte auf die negativen Gefühle, die währenddessen auftauchen, und benenne sie. Ist es einfach nur Angst? Oder vielleicht Scham, Hilflosigkeit, Ärger, ...? Wie schlimm ist dieses Gefühl für dich auf der Skala?

3. Body-Scan: Spüre in deinen Körper hinein. Wo genau im Körper nimmst du das Gefühl wahr? Wie fühlt es sich an? Wie reagiert dein Körper auf den Auftrittsstress?

4. Intervention: Führe mehrmals hintereinander die erlernte Intervention durch: Nutze Butterfly oder Musik (je Set 30-40 Sekunden), bis dein Gefühl beim Gedanken an den Auftritt auf der Skala mindestens zwei Punkte höher liegt. Zwischendurch überprüfst du das immer wieder mit einem kurzen Body-Scan.

5. Verankerung: Stelle dir jetzt konkret vor, wie du deinen Auftritt erfolgreich bewältigt hast. Spüre dem guten Gefühl dabei nach und verstärke es durch einige Minuten Butterfly oder *wingwave*-Musik.

■ **Denk mal**

Was soll nach dem nächsten Auftritt anders sein? Wie kannst du die Wirkung dieses Selbstcoachings überprüfen?

■ **Mach mal**

Dem Buch »Sicheres Auftreten mit *wingwave*-Coaching« liegt eine CD mit Musik bei, die speziell für Auftrittssituationen komponiert wurde.

Stress im Alltag

Es gibt zwei Arten von Stress: einen, wenn du Arbeit hast, und einen, wenn du keine hast.

—Enrique Iglesias

Immer wieder kommt es im Laufe des Tages zu stressigen Situationen: Vielleicht hattest du ein schwieriges Gespräch mit einem Kunden, der sich beschwert hat. Oder es gibt einen Konflikt mit deinen Eltern oder deinem Partner. Oder dein Chef hat dir Stress gemacht und fordert mehr, als du leisten kannst. Oder eins deiner Kinder kam weinend aus der Schule und forderte deine Aufmerksamkeit in einem ungünstigen Augenblick. Eine hohe Rechnung lag unerwartet im Briefkasten – und das Konto ist leer. Oder der ganze Tag war einfach nur anstrengend und du fühlst dich völlig ausgepowert.

Auch in solchen Situationen kann dir *wingwave* im Selbstcoaching helfen. Du kannst den Prozess wie eine persönliche Wellnessbehandlung nutzen, um wieder aufzutanken, ausgeglichen zu werden und dich gut zu fühlen.

Im Grunde tust du dabei nichts anderes, als aktiv hervorzurufen, was der Körper im Schlaf von selbst tut: Negative und belastende Gedanken und Gefühle verschwinden oder rücken in den Hintergrund, angenehme Gefühle und neue Energie entstehen.

Du kannst den morgen vorgestellten Prozess deshalb auch beim Spazierengehen, auf dem Sofa oder im Bett durchführen.

Am besten eignet sich für diesen Zweck die *wingwave*-Musik. Die Butterfly-Technik kannst du zwar verwenden, aber der Entspannungseffekt ist dann nicht so hoch ausgeprägt. Für kurze Entlastung – etwa nach einem schwierigen Gespräch – ist Butterfly jedoch optimal.

Denk mal

Was stresst dich jetzt im Moment?

Mach mal

Überlege dir, was für dich der beste Ort und Zeitpunkt wäre, um dich mit *wingwave* zu entstressen. Bett, Spaziergang, ...?

Der größte Sinnesgenuss, der gar keine Beimischung von Ekel bei sich führt, ist, im gesunden Zustande, Ruhe nach der Arbeit.

—Immanuel Kant

Ent-Stressung

1. Thema: Was stresst dich gerade?

2. Body-Scan: Spüre in deinen Körper hinein und nimm bewusst wahr, in welchem Bereich du dich verspannt, gestresst oder einfach nur unbehaglich fühlst. Beschreibe dieses Körpergefühl mit Worten. Ist es zum Beispiel drückend? Spürst du eine Last? Ist es dumpf, kreisend oder stechend?

3. Metapher: Entwickle aus dieser Wahrnehmung und deiner Beschreibung ein Bild oder eine Metapher. Das könnte beispielsweise so lauten: »Es fühlt sich an wie ein Sack voll Sand auf meinen Schultern.« Oder: »Wie der Schleudergang einer Waschmaschine in meinem Bauch.«

4. Intervention: Höre dir die *wingwave*-Musik über Kopfhörer an. Spüre dabei deiner Körperempfindung nach und denke an deine Metapher. Achte darauf, dass dein Atem nicht flach wird.

Wenn du Veränderungen wahrnimmst, fasse sie innerlich gleich in Worte: »Der Sack rutscht von den Schultern runter.« Oder: »Die Anspannung im Bauch löst sich auf.« Oder: »Der Druck auf der Brust schwindet.«

Wenn du zwischendurch abgelenkt bist und an etwas anderes denkst, komme einfach wieder zu deinen Gefühlen und inneren Wahrnehmungen zurück und nimm den Rhythmus der Musik wahr.

5. Abschluss: Wenn du die ersten angenehmen Gefühle wahrnimmst, fasse sie in Worte. Finde auch für sie eine Metapher. Nimm die positiven Wörter, Gefühle und Metaphern so lange zur Musik wahr, bis keine weitere Verbesserung eintritt.

Denk mal

Woran merkst du jetzt, dass es dir besser geht?

Mach mal

Experimentiere mit diesem Ent-Stressungsprozess über eine längere Zeit mit verschiedenen Stresssituationen.

Weitere Hilfen

Mancher ertrinkt lieber, als dass er um Hilfe ruft.

—Wilhelm Busch

Dieses Quadro bietet dir einen kleinen Vorgeschmack auf das, was alles mit *wingwave* möglich ist. Aber es gibt noch viele weitere Anwendungsgebiete. Du kannst mithilfe dieser Technik Motivationsbremsen entfernen, deine Handlungsfähigkeit stärken, Kreativität steigern, sogar Blockaden im Sport lösen. Profi-Golfer etwa nutzen *wingwave*, um ihr Handicap zu verbessern.

Man kann *wingwave* sogar »umgekehrt« machen – also dann nutzen, wenn eine bestimmte Sache oder Erfahrung zu positiv verknüpft ist. Wenn man etwa mit einem Genussmittel wie Schokolade zu stark Lebensglück verbindet und sich nicht beherrschen kann. Da kann *wingwave* helfen, das auf ein normals Maß zurückzustutzen.

Auf *www.wingwave.com* findest du weitere Möglichkeiten, wie dir *wingwave* helfen kann. Dort kannst du auch nach einem *wingwave*-Coach in deiner Nähe suchen, um *wingwave* begleitet von einem Profi live zu erleben.

Außerdem kannst du Fallbeispiele studieren, Forschungsergebnisse lesen oder erfahren, wie du dich selbst zum *wingwave*-Coach ausbilden lassen kannst. Auch werden hier aktuelle Bücher, DVDs und *wingwave*-Musik vorgestellt.

Gerne helfen wir dir auch persönlich mit deinen Anliegen weiter. Informationen über uns und unsere Arbeit als Coach, Trainer, Mediator und Therapeut sowie unsere Kontaktdaten findest du unter *kerstinhack.de* und *christophschalk.com*.

Denk mal

Wem könntest du von deinen Erfahrungen mit *wingwave* erzählen? Für wen könnten sie inspirierend sein?

Mach mal

Informiere dich und überlege dir, welche weiteren Hilfen du in Anspruch nehmen willst.

Nach vorn blicken

Reflexion und Ausblick

Stelle dir vor, du hättest von diesem Quadro tatsächlich in der Weise profitiert, wie du es dir erhofft hattest …

Woran würden deine Freunde, Familienmitglieder oder Kollegen das bemerken?

. . . .

. . . .

Was wäre von nun an anders?

. . . .

. . . .

Was würde geschehen, wenn dieser Unterschied andauern würde?

. . . .

. . . .

Wie könntest du offen bleiben für weitere neue Erfahrungen?

. . . .

. . . .

Was ist dein nächster Schritt?

. . . .

. . . .

. . . .

Material zur Vertiefung

- Videos rund ums Thema *wingwave*: *youtube.com/BesserSiegmund*
- SWR-Dokumention »Die Seelenflüsterer« auf DVD oder YouTube: *bit.ly/seelenfluesterer*
- »*wingwave*-Coaching: Wie der Flügelschlag eines Schmetterlings« (mit CD), Cora Besser-Siegmund/Harry Siegmund, Junfermann Verlag, 2010 ISBN 978-3-87387-758-0
- »Mit Freude läuft's besser«, Cora Besser-Siegmund/Marco Rathschlag, Junfermann Verlag, 2013 ISBN 978-3-87387-956-0
- »Erfolge zum Wundern. *wingwave* in Aktion. Fünfzig und eine Coachinggeschichte«, Cora Besser-Siegmund/Harry Siegmund, Junfermann Verlag, 2009 ISBN 978-3-87387-733-7

Coaches, Trainer und Institute können dieses Quadro zu Staffelpreisen für ihre Kursteilnehmer und Kunden beziehen.
Kontakt: shop@down-to-earth.de